GRAFFITI

POESÍA

HUERGA & FIERRO EDITORES

HUERGA Y FIERRO EDITORES, S. L. U.
C/ SEBASTIÁN HERRERA, 9
28012 MADRID (ESPAÑA)
TELÉFONO: 91 467 63 61
E. MAIL: huerga@huergayfierro.com
WEB: www.huergayfierro.com

PRIMERA EDICIÓN
2024

DISEÑO DE ÁNGEL LUIS VIGARAY

DEPÓSITO LEGAL: M-12310-2024 — I. S. B. N: 978-84-128698-2-8
IMPRESO EN ROMADAC Industria del Libro.
IMPRESO EN ESPAÑA

ALL THINGS MUST PASS

Blanca Riestra

ALL THINGS MUST PASS

BLANCA RIESTRA

GRAFFITI

HUERGA & FIERRO EDITORES

Todo lo que existe en esta hora
de absoluto fulgor
se abrasa, arde
contigo, cuerpo
en la incendiada boca de la noche

José Ángel Valente

ALL THINGS MUST PASS

A la vuelta de la esquina
te espera el reconocimiento final
el vendaval negro, luminoso
el socavón definitivo
el crimen acerbo

pero nada anuncia
nunca nada
sobrevuela
una calma cenagosa
la pesadez de lo detenido
que no avanza

Así estabas tú
dentro de ti misma
ensimismada adusta
aquel mes
en que aquello vino a ti

pequeña máquina
calibrada
extendías las manos
sin tocar
y era como si todo se encontrase
fuera de tu alcance,
descolgado,
lejos

Estirabas los dedos
inútil
ávidamente
Y no alcanzabas
más que vidrio, metal, materias frías
Nunca carne ni sangre
ni tejidos deliciosos desgraciados

Te decías
así no
déjame acceder a lo que existe
cueste lo que cueste
me da igual
pagaré el precio

Ay de ti, con tu ingenio
abocado a la nada,
pero tan ardiente
—Mírenla, pobre—
Transparentan la linfa tus mejillas

No albergas esperanza alguna
Cómo podrías
Pero estás, aún así,
borracha de ti misma

Sin querer
sin saber
Pero tan dispuesta a todo
ignorando, ay, el envés de todo

Lo de afuera aullaba
clamaba
clamaba aullaba

Te llamaba por tu nombre
No lo oíste

¿Hubieses preferido
no bañarte en el río que te enfermó,
en aquel río fresco,
deleitoso?
El río de Alejandro
aquella tarde.

Y ahora
esta partitura
musitada para nadie
aunque tú creas que todo es canto
y que todo
lo arrebatado
canta

Yacen
como hombres
los ríos
en lechos fértiles
cierran los ojos
canturrean
su antigua historia
De desvanecimientos
De cuerpos desnudos
Avistados

Río,
no me importa
que lleves en ti
la semilla del dolor
y de la nada

Desde siempre buscabas ese
fulgor el fuego acre

Y cuando ese fulgor llega
una sabe ponerle nombre
como sabe nombrar la sarna o el deseo

Tu tarea era esa, qué otra,
y le pones nombre también a Él
Magnánima benigna

Pero, ojo, lo haces solo dentro de ti misma
pues de puertas afuera
tu boca esté sellada

Sabes que no se puede dar nombre
a aquel que no te pertenece

Estar viva como los insectos,
los prados, las mareas
en el Hálito de todo

La carretera de noche, el aire denso
la ventana abierta y la radio

¿De dónde venías?
Regresabas de la infancia
de otra niña
De su casa con camelios, rododendros
De su piscina en forma de riñón
De las estancias coloniales
De los suelos barnizados
De las doncellas de cofia
de la abuela

Regresabas, estás sola
Es tu soledad afilada, fulgurante
monumental, gélida
Ni tú misma entiendes
la magnitud de esa soledad tuya
temible como bomba antigua,
encasquillada

Este es el privilegio de los solos
de los rencorosos
de aquellos que no entienden

Te dices
Cultiva tu cicatriz
como frondoso huerto
como cordillera
como memorial con placa de la nada

Vestigios mórbidos
rabiosos como perros
No les pongas bozal
Déjalos que ladren a la luna

ENMIENDA AL CANTAR DE LOS CANTARES

I

Fue así
(sigue dentro
el germen negro)

Fue así
Un día y luego otro
detenido
Y el furor
Ese levantarse y ahuyentar
de un manotazo
tu nombre
que se vaya

Vete
moscardón terco
insoportable

II

Y fue así
que se creó este vano
que ves
Fue con ayuda de insistentes gestos
de manías,
con ayuda del dolor también
mal que me pese

Fue así cómo se abrió el boquete
(y mira que yo quisiera taparlo con cemento)

Es un vano irregular,
déjame que te explique,
y tiene memoria
como un órgano
poroso, infame, púber
recuerda el daño
se atora
el daño de los días desgraciados
y más aún de los felices

Y como ameba respira
Gime incluso.
Boquete en cuyos márgenes
Yerbajos florecían y cantaban

III

Ahora
paseas por la ciudad
como quien pasea
por encima de su cadáver

No te miras en los escaparates
de las tiendas,
pero yo te lo digo
te ha crecido el pelo
aunque lo hayas cortado ya
tres veces

Pues, a pesar de todo,
lo tienes más largo
Así de minucioso
pasa el tiempo

Y he de decirte además que
la sonrisa se te ha puesto
cínica
O peor, más bondadosa
(Qué vergüenza)

Miras y ves el solar vacío
Los solares son siempre
misteriosos y humildes
reconcentrados también

Miras este solar vacío
sobre el que se construyen
las historias
(también la tuya)
y te atraviesa esa ternura
de lo inútil

pues sabes
                    que el vacío
es una joya
                    inapreciable

IV

Creías

Igual que una adolescente borracha
tú también quisiste escoger
otro final

Pero la destrucción
avanza y avanzaba

Es fuerte
la destrucción
vociferante violenta
como mujer que parió cinco hijos
Meliflua
como cortesana codiciosa

Descúbrete a su paso
Lo merece

V

No había que nombrarlo
como cáliz
como patena
como sagrario
como pierna de conejo

Lo porvenir
rueda de tejido denso
Lana fría, una villela
trenzada
de textura áspera
un mundo que se sostiene

en autarquía

VI

Eras tú y también eras el Otro
Y ambos erais el Mundo entero

Parecía que hubieseis estado
siempre así
Unidos
Encastrados
El uno dentro del otro

Sentías tan fuerte
que llegaban oleadas
estáticas
mareas tupidas cartilaginosas
llenas de peces

Y os envolvían
como si no hubiese habido nunca
nada más
que esa densidad cálida
que ese abrazo trascendido

Pero el Otro estaba sordo y ciego
pedazo de carne
que no viese

VII

Con dificultades
nos desprendimos
desgarramos los brazos,
lianas que se aferraban
como zarzas
cortadas a machete,
hasta caer en la fría
desposesión de estar solo
desnudo

separado del Mundo entero
que ya no te pertenece

VIII

Aquel momento sigue en ti
clavado
Y ahora
llevas dentro esa
                              Falta
como una grieta
que lo atravesase
                              Todo

Pero,
¿acaso no se encamina Todo
hacia su propio fin
parsimonioso?
Pues Esto igual

Parte de Todo somos
y este no es más que un canto
a nuestra propia inutilidad
y a la inutilidad del
amor
          también del éxtasis

IX

Sobreviviré
yo también
(bueno: en absoluto, quizás no)

Sabes
—muchos no saben—
de trascendencia feliz
A muchos les dan igual
temblores calor belleza

Muchos persisten en vivir
como pequeños oficiantes ofuscados

Porque, desengáñate,
no era dios lo que buscabas
no ese dios
Era el diosecillo de las ventanas abiertas
a la noche
con su ministro de ¿me llamará mañana?

X

Era él o nada
y lo escogí a él
y una espesura blanda
sigue acunándome
aún ahora

como cuando el Otro muere
y los instantes
nunca terminan
y siguen coleteando
para siempre

como si te hubieses ido
a vivir dentro de ellos,
igual que una mariposa se muda
a un bloque de ámbar

XI

Yo me decía
sentada encima de mis manos

El dolor es la virtud
de los santos
Un zarzal
Lo dejas que crezca
y que sus brazos
se te enreden en las vísceras
que den frutos
negros y morados
bayas del bosque negro

Mira el agujero dentro
cómo atrae a los objetos
de la nada
que entran en él
a toda velocidad
relojes, cepillos, cascabeles
y se estrellan contra
las paredes interiores
de tu cuerpo
ensoñado
todavía

Tu cuerpo que cree
que todo
puede dar un volantazo
y significar algo
que todo es reversible

XII

Te daba igual lo que fuese
El ego lo tenías enterrado
bajo las chaquetas en el ropero
y le decías que no saliese
No ibas a dejarle
montar una escena
ebrio como siempre
de sí mismo
Le dijiste: cálmate, tío
eres prescindible
nadie te necesita
cállate ya
A nadie le importa
que estés enamorado
como un burro

XIII

Te veías así
como un señor bajito
de burgos
lleno de fragilidades
y torpezas
y en el fondo
una ansiedad terrible
y un deseo que
se podía cortar con un cuchillo.
Así tu corazón aquel agosto

XIV

Pasó el tiempo
(también para los amantes desgraciados
pasa el tiempo)

Y el fruto maduró
rompió su pecio
Qué creías
Todos traicionamos lo que amamos

Y, así,
hay que dejar que el olvido gane
olvido que encala
que blanquea
los lechos
las tumbas
las paredes

Mandar, así, las cosas
a la inexistencia
perderlas
a chorros
dejar que se escurran
como agua

Pues cuando uno aprieta algo
con todas sus fuerzas
lo despedaza lo destroza.

Déjalas huir
´ Cosas
Animales sombríos
que triunfan en silencio,
abren las lustrosas fauces,
si no miras

XV

Así el dolor
construye su ciudad
en horas punta
con aglomeraciones
y esas campanadas de las ciudades sumergidas

Miras debajo de las olas de la playa
y sabes que está ahí
construida y monumental
que no hay quien la asole
ha echado raíces en ti
cual garrapata
y no se irá
¿no se irá?
                    Se fue algún día

Ellos los otros no sienten nada
supongo
por eso pueden charlar y comer
festivamente
reproducirse, cantar y bailar
ellos no recuerdan
son átonos como bocinas silenciadas

En cambio, a tu corazón
no hay quien lo silencie
protesta y se queja
                              aúlla
como un niño pequeño castigado

XVI

No fue fácil
Iban y venían las mareas
vientos del sur y luego cierzo
estaciones días y domingos,
rituales mistéricos
compras del súper
pasillos vacíos de la casa nueva
tardes noches salud sed rabia
mansedumbre nunca
frente a la televisión y su bálsamo superfluo
(Otros dirán que necesario)

Soledad a veces roja, desolada
Ningún día se parece al siguiente

Tú
oscilas
queriendo destruirlo todo
        a golpe
        de
        machete
pero escoges mejor
                          (es más discreto)
arrancarte las uñas de una en una
en cualquier rincón callado

Mientras tanto, el corazón
se te sube por las paredes del cuerpo
y sueña con escapar
ya para siempre

XVII

Que algo así pudiese ocurrir
a estas alturas
este escozor en el lugar
donde está el pecho
la posesión la pérdida el desgarro

Tantos escribieron sobre esto
Garcilaso, Góngora, Quevedo
sublimemente exagerados
Y temblaban

Fue
error fulminación atisbo
comunión de los santos
congreso de tronos dominaciones
escuadras escuadrones patrullas
mano recobrada tacto suave

Pájaro zumbón
que lo inflamaba todo
que te rozaba dejando
sarpullidos

XVIII

Y nosotros queríamos
dar la vida entera todos los días
                                        pero los otros

se cruzaron de brazos
pasaron página

fueron y hablaron de otra cosa

XIX

Lo que buscabas
en los labios del Otro
era su hálito verdadero
pero también era el Hálito del mundo

El Mundo
donde todo lo que hay
respira y se celebra

XX

Ahora
alrededor
ajetreo de familias burguesas
en ferragosto,
hablan sobre dinero
herencias, coches, enfermedades, bodas
yo escondo mi cabeza en el cuaderno
espero una rodaja de piña
y un café
                y pienso en ti,
y trato de no pensar en ti
y para eso pongo la mano
sobre el pecho y sujeto
en él mi corazón
batracio
que pugna por escapar
                fuera del cuerpo

XXI

No teníamos que habernos conocido
Hubiese sido mejor
vivir sin sentir nada
con el corazón cerrado a cal y canto
pero teniendo dinero
y cariño junto a mí
Aunque a veces
fuese un cariño agrio
como pomelo

Pero conocerte fue injusto y doloroso
me diste a probar algo
                                        dulce
y luego me lo arrebataste
Y ahora es como si estuviese a oscuras
                                        sola

XXII

A veces me digo es mejor
haber bebido de ese trago largo
de cicuta
aunque solo fuese
por un momento
pero me miro
a mí misma
y veo la Pérdida
encastrada en mí como un obús

como si la intensidad
no fuese soportable
Como si tú tampoco
fueses capaz de soportarla
y me expulsases

XXIII

Llevo en mí
el obús mellado
con tu nombre

CAMBRE REDUX

I

Abrir las ventanas al aire de la noche
y dejar entrar
la masa cálida
con el rock todavía en los oídos
Viniendo de un pueblo en el que
veraneaban espléndidas familias
con palacios y criadas de cofia
Las tardes en piscinas en forma de riñón
desnudos, adolescentes inquietos
con pelos bajo el brazo
y rostros de virgen vestal

¿Seré capaz de salvarme del hundimiento al recordar?

Pero no recuerdo mansamente
Recuerdo con amargura, con odio
Como si hubiese cuentas pendientes

Vuelvo y ofrezco mi botín con las dos manos
He recorrido mundo
He recolectado joyas, perfumes orientales,
sabiduría y muebles recamados
Y los ofrezco,
depositando lo que lleva mi morral
ante sus pies

Pero no es suficiente
todo eso no vale un pito
frente al peso apabullante de
la nada

II

Esa sublimación brutal
de la epilepsia
Ese deseo de salir volando por los aires
de ser feliz o desgraciado
de explotar

La naturaleza recorrida por hormigas
salpicada de hierbajos
no nos dice: Ven, te daré
intensidad, amor y muerte
belleza y fealdad la más horrible

Tú te ofreces, te abres, dices: Madre
Aquí estoy abierta en canal
Haz de mí lo que quieras,
picadillo,
Dispón de mí para tu turbina

Pero Ella frunce el ceño y nos ignora

III

Bajo el mar
resuenan campanadas de misa de doce
Cuando hay marea baja
agudizas el oído y los escuchas
y escuchas
las conversaciones de los parroquianos
enracimados en las plazas

Junto a los cruceros ennegrecidos de moho
si tratas de averiguar
de qué hablan
Hablan de romerías, de pendencias
de fiestas populares
de enfermedades del ganado

Pero, sobre todo,
despedazan la fruta amarga

IV

Poco a poco lo ves
cómo se aleja
se va alejando
haciéndose más pequeño

Va en dirección opuesta
y se vuelve borroso
una imagen televisada
cuando la antena no funciona
y tienes que estirar los brazos metálicos
y sintonizar la señal
de Torrespaña
se va yendo
pero tú tiras de él
como si fuese a ahogarse
a desaparecer engullido
por las ondas

No quieres perderlo
Si lo dejas ir
será como si nunca hubiese existido
y eso sí que no podrías soportarlo

Sabes que tú eres el pequeño demiurgo
que gobierna el mundo
y que sentencia la inexistencia de las cosas
Pero tú quieres decretar
la existencia de Todo
porque Todo merece ser amado
y merece extender sus tentáculos
y sus cerrazones y sus afanes

V

Y de pronto
el ansia
te lleva en andas
ligera como una pluma
estás a salvo
Que te porte lejos
con el viento
rodeada de papeles de periódico
de polvo, de detritus,
Corre, vuela, vuela

Un éxtasis de andar por casa
Olvidarse un poco de ese despojamiento

Él no mira atrás
pero tú sí
Y vas sintiendo cada uno de los pasos
que lo alejan
como una puñalada
cruda y potente
en la cara misma o en el pecho.

Mirar con los ojos de la carne
que decida por nosotros

El cerebro es carne también
pero carne sorda y ciega
Como los países sin puerto de mar
Como Austria, como Hungría.

VI

Los libros del mes de agosto
tormentosos, finales
Rimbaud encerrado en el granero de su madre
conoce a todos los sabios de la tierra
Djuna en casa de Peggy Guggenheim
rellena cuadernos de espiral
Como si el verano negro fuese demasiado
y nos exigiese
de víctima propiciatoria
                la cordura

VII

Bellezas de agosto
Césped fresco
niños en bañador
de pies desnudos
niños
Que pronto dejarán de ser niños
y se enfrentarán a pequeñas tragedias económicas
y luego con la pérdida,
con el deterioro y con la muerte

Pero mientras tanto
es hoy,
quince de agosto,
y las avionetas trazan con humo
mensajes en el cielo
abren sus compuertas
y dejan caer paracaidistas
locos y bobos
                    y temibles

VIII

Lo probaste y te dañó
Ya no te sirve el beso de los cuerdos
Ahora prefieres el vértigo
y el miedo
y el canto del fin
                                circular y dulce

Vas hacia atrás
como un ingenio desbaratado
                                                    acedo

IX

El amor del loco
es cruel y venenoso
Recorre ávido venas, estructuras

Luego, el loco va y te expulsa de sí mismo
Tú lo aceptas
Aceptas que el otro
se te niegue
no mereces el fruto de ese jardín
te dices
cerrado
de ese huerto

X

Una sed terrible

¿Es otra cosa lo que deseas
deseándolo?
¿Deseas lo que está detrás de él?
¿el nombre que otros le pusieron?

Lo quieres y el dolor
ha abierto un socavón
y persiste cual peonza
Busca nombres para su propia terquedad
sin encontrarlos

El dolor
está orgulloso de sí mismo
se siente fuerte y desafía a todos
con manos en los bolsillos
como un chulo
Dice: ven a medirte conmigo
y verás que persisto
que pego y mato
si se tercia

XI

Largo como una liana
tenía labios de haber sufrido
ojos de niño que ha visto
catedrales en las pozas
(yo lo dije)

Era mi creación
Yo lo imaginé
Fue por mi culpa que pasó
sed y desgarro

Sus canciones yo las supe
antes que él
echada en mi cama de niña

Dije cantarás esto
y será así.
Y luego él fue y los acordes vinieron
y los escribió con mano larga y seca
sobre sus cuadernos
mientras la vida se le hacía
cuesta arriba

Yo, sentada en el autobús de Santiago
no lo vi pasar con su maleta
Yo escuchaba a Path Metheny
y a Polnareff
Él ya escuchaba a MC5
Posiblemente
ni me viese

Yo era pequeña
y llevaba un gorro grande como el mundo
Él iba absorto en su propio
ego renqueante
y en el deseo de quererlo todo

¿Qué puedo hacer si lo quiero Todo
y no hago más que destruirlo?
Y yo contestaba escribiendo en mi libreta
Es una fatalidad
Lo desbaratarás todo a manotazos
pero todo renacerá y reaparecerá
porque nada se destruye
para siempre
sino que reaparece, rebrota,
se multiplica y persiste
como las ratas o los hongos
Se llama Mundo y
es difícil de aniquilar
aunque lo odies.

Yo iba dirigida a otro lugar
Me suicidaba mil veces
por escrito
Vomitaba en las alcantarillas,
iba despeñándome
pero al mismo tiempo
tomaba precauciones
porque un diosecillo
tiene el deber de guardar un ojo avizor
por si vienen las olas y lo engullen

Lo hice, abrí los ojos
limité los momentos de éxtasis
por si las moscas

Demasiado éxtasis es nocivo
para la salud
Dios, ayúdame a no levitar demasiado
a no irme por los aires
Necesito seguir viva
para cuando llegue
porque llegará
He extendido un lazo rojo
que lo mantendrá en vida
mientras yo siga con vida.

Vivirá lejos de mí
Yo habitaré otros continentes
pero él estará siempre vivo
viviendo cosas que lo acercarán
a mí imperceptiblemente
Amará a hombres y mujeres
porque todos los labios calman la sed
son sucedáneos de una bebida
que nos quita el ansia.
Los besará, yo besaré a otros
Y nuestros cuerpos se irán estropeando
por dentro
se teñirán de oscuro

Habrán de resistir
la embestida de muchas fatalidades
de muchos planes truncados
de muchas sustancias intoxicantes y terribles
Cuerpos teñidos de oscuro
y por fuera cuerpos con manchas
macilentos y todavía jóvenes
Pero con un grado considerable de Vida a sus espaldas
suaves como plumas
carnales como bocas que se abren

Y ocurrió
Cuando nos tocamos,
todo su cuerpo se abrió y me engulló
como una vagina
que abraza a un pene
Sentí esa sensación tremenda

EPÍLOGO

I

Pero el Todo es incomunicable
y hay simas
que no podemos cruzar
Para que yo no pueda llegar
y tú no puedas ir.
Morderse los nudillos
Sentarme encima de mis manos
para que no se independicen
y se vayan

Porque no había solución
más que vacío
Dibujándose en la frente
de mi madre vieja y sorda
sonriendo a los que no la entienden

Y el vacío de nuestros rostros solos
Uno frente a la televisión´
El otro refugiado bajo un edredón en otra casa
o en un bar tratando de encontrar sentido
a la verborrea de un tipo majo
como deben ser majos los tipos
que no forman parte de ti

II

Pero lo has leído
Sabes que es así
Que desear de esta forma mata
Por lo cual te has propuesto
coger tu deseo
y ahogarlo en el pozo de la nada
como a un perro

En tu propia actividad incesante
Calcetas ruedas
inventas nuevos deportes
construyes aeroplanos
para no recordar que hay
alguien que existe
y no te quiere

III

Y entran las alimañas
los animales simpáticos
a tropel
por el boquete
Pues ellos sí entienden
de cristales rotos y detritus

Y sin embargo
sonríes
pues el otro existe
en la misma ciudad
bajo el mismo cielo
Y te asomas al patio
Y las estrellas frías
dan testimonio de que esto es así
Y esa certeza te produce
un consuelo espeso

Que aunque estés sola hubo un milagro
Ocurrió
y en tu cuerpo queda huella del temblor
del miedo, de los altibajos
de los éxtasis
Y solo por eso
merece la pena seguir en vida
en esta ciudad portuaria
donde la vida parece un simulacro de la vida
pero quizás sea
la Vida verdadera

Esa que te espera desde siempre
en la parada del 23 A
Seguir en vida
entregando tu carne a los que pasan
Tu cuerpo apuñalado y bendecido

ÍNDICE

ALL THINGS MUST PASS

ENMIENDA AL CANTAR DE LOS CANTARES

CAMBRE REDUX

EPÍLOGO

Esta obra
se acabó de imprimir
con los auspicios de
Charo Fierro y
Antonio J. Huerga, editores

FINIS CORONAT OPUS